Impressum
Verlag: BABADADA GmbH, Nedderfeld 112 , 22529 Hamburg
Geschäftsführer / Verlagsleitung: Harald Hof
Druck: Books on Demand GmbH, In de Tarpen 42, 22848 Norderstedt

Imprint
Publisher: BABADADA GmbH, Nedderfeld 112 , 22529 Hamburg, Germany
Managing Director / Publishing direction: Harald Hof
Print: Books on Demand GmbH, In de Tarpen 42, 22848 Norderstedt, Germany

escuela
sekoly

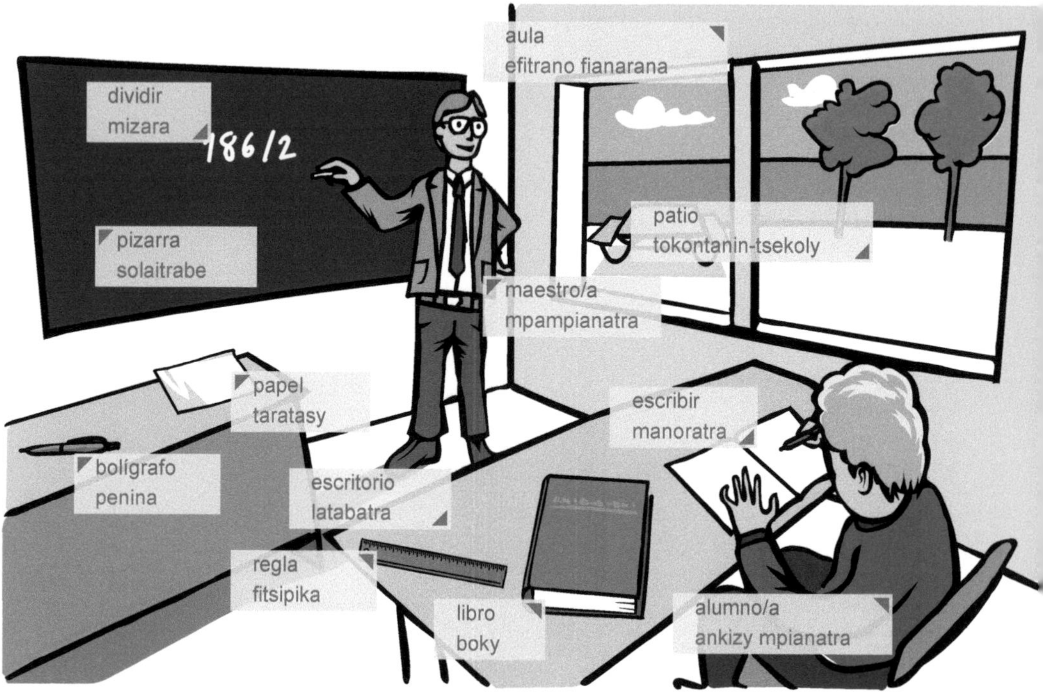
aula
efitrano fianarana
dividir
mizara
186/2
pizarra
solaitrabe
patio
tokontanin-tsekoly
maestro/a
mpampianatra
papel
taratasy
escribir
manoratra
bolígrafo
penina
escritorio
latabatra
regla
fitsipika
libro
boky
alumno/a
ankizy mpianatra

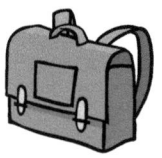

cartera

kitapo

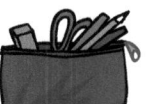

caja de lápices

torosy

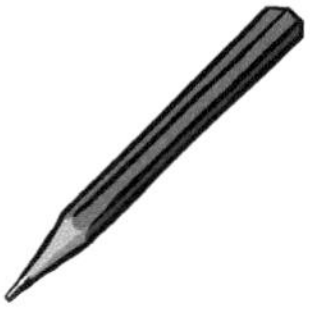

lápiz

pensilihazo

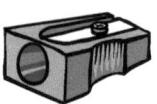

sacapuntas

fandrangitana pensilihazo

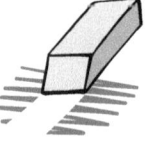

goma de borrar

gaoma

cuaderno de dibujo

karne fanaovana sary

dibujo
sary

pincel
borosy fandokoana

caja de pinturas
boaty loko

tijeras
hety

pegamento
lakaoly

cuaderno de ejercicios
kahie fampiasàna

deberes
enti-mody

número
tarehi-marika

sumar
manampy

restar
manala

multiplicar
mampitombo

calcular
mikajy

letra
taratasy

alfabeto
abidia

palabra
teny

texto

lahatsoratra

leer

mamaky

tiza

tsaoka

lección

lesona

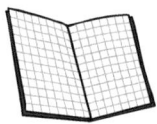

cuaderno de notas

boky fianarana

examen

fanadinana

certificado

sertifikà

uniforme escolar

fanamian'ny mpianatra

educación

fiofanana

enciclopedia

raki-pahalalana

universidad

oniversite

microscopio

mikraoskaopy

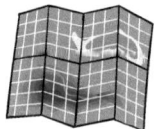

mapa

sarintany

papelera

fanariana fako taratasy

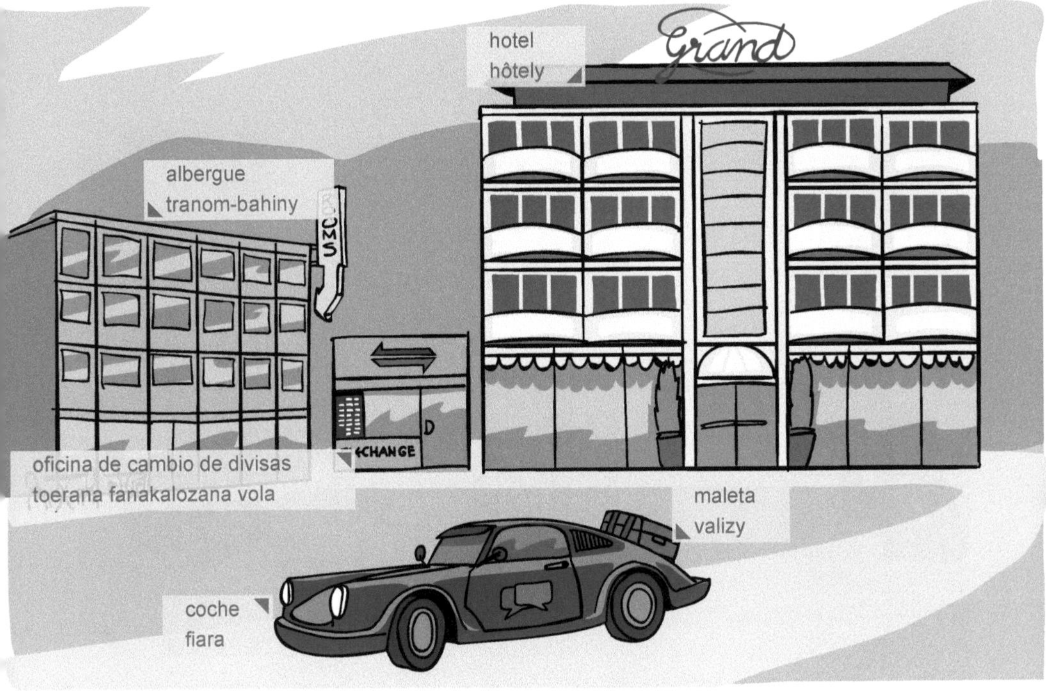

hotel
hôtely
Grand
albergue
tranom-bahiny
oficina de cambio de divisas
toerana fanakalozana vola
CHANGE
maleta
valizy
coche
fiara

idioma
fiteny

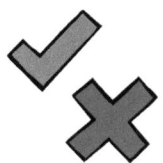

sí / no
eny / tsia

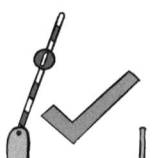

Vale
Eny àry

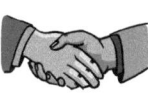

hola
salama

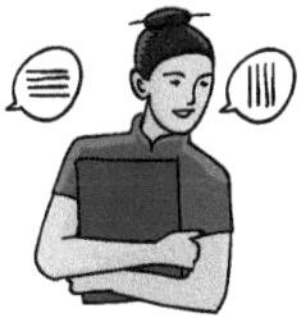

traductor
mpandika teny

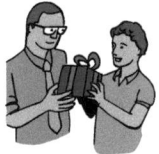

Gracias
Misaotra

¿cuánto es...?

ohatrinona...?

No entiendo

Tsy azoko izany

problema

olana

¡Buenas tardes!

Salama ô!

¡Buenos días!

Arahaba tra-maraina e!

¡Buenas noches!

Tsara mandry ô!

adiós

veloma

dirección

fitantanana

equipaje

entan'ny mpandeha

bolsa

harona

mochila

kitapo

invitado

vahiny

habitación

efitrano

saco de dormir

fandriana enti-tànana

tienda de campaña

tanty

información turística

birao miandraikitra ny fizahantany

playa

moron-tsiraka

tarjeta de crédito

fahana amin'ny karatra

desayuno

sakafo maraina

almuerzo

sakafo atoandro

cena

sakafo hariva

billete

tapakila

ascensor

ascenseur

sello

hajia

frontera

tany manasaraka

aduana

fadin-tseranana

embajada

ambasady

visa

visa

pasaporte

pasipaoro

transporte
fitaterana

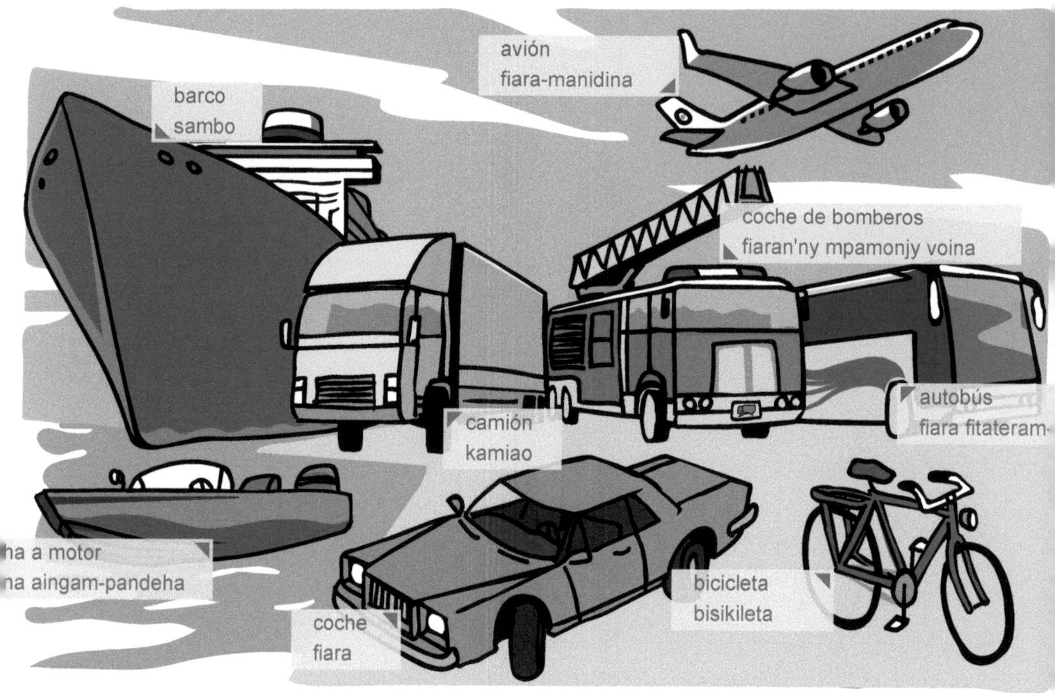
avión
fiara-manidina
barco
sambo
coche de bomberos
fiaran'ny mpamonjy voina
autobús
fiara fitateram-
camión
kamiao
ha a motor
na aingam-pandeha
bicicleta
bisikileta
coche
fiara

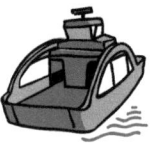

transbordador
sambobe

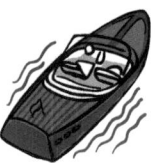

barca
sambo

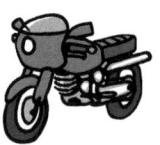

moto
môtô

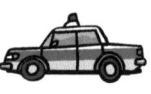

coche de policía
fiaran'ny polisy

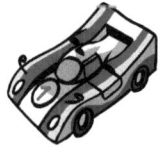

coche de carreras
fiara mpihazakazaka

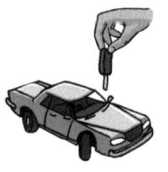

coche de alquiler
fiara fanofa

préstamo de vehículos

zara fiara

grúa

fiara etsy babeko

camión de la basura

fiara mpitatitra fako

motor

môtera

gasolina

solika

gasolinera

tobin-tsolika

señal de tráfico

tondro fifamoivoizana

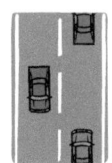

tráfico

fifamoivoizana

atasco

fitohanan'ny fifamoivoizana

aparcamiento

fitobian'ny fiara

estación de tren

fiantsonan'ny fiaran-
dalamby

vías

lalamby

tren

fiaran-dalamby

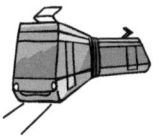

tranvía

tramway

vagón

kalesy

helicóptero
angidimby

aeropuerto
seranam-piaramanidina

torre
tilikambo

pasajero
mpandeha

contenedor
kaontenera

caja de cartón
baoritra

carretilla
chariot

cesta
harona

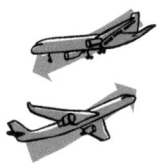

despegar / aterrizar
miainga / midina

ciudad

renivohitra

pueblo
ambanivohitra

centro de ciudad
afovoan-tanàna

casa
trano

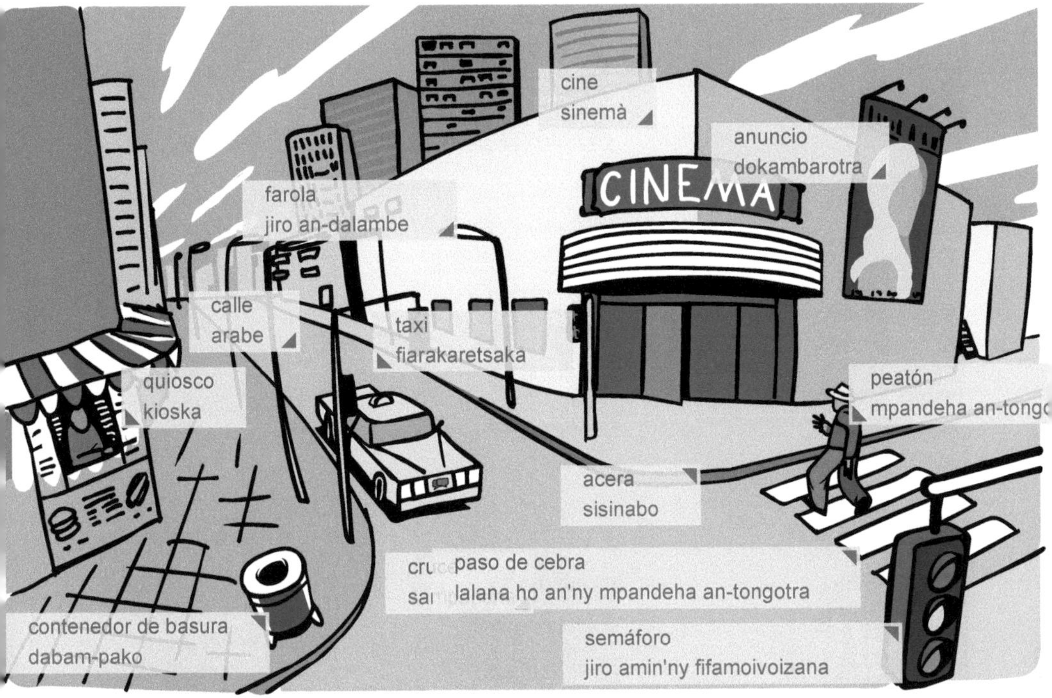

cine
sinemà

anuncio
dokambarotra

farola
jiro an-dalambe

CINEMA

calle
arabe

taxi
fiarakaretsaka

quiosco
kioska

peatón
mpandeha an-tongo

acera
sisinabo

cruce paso de cebra
sam lalana ho an'ny mpandeha an-tongotra

contenedor de basura
dabam-pako

semáforo
jiro amin'ny fifamoivoizana

cabaña

trano bongo

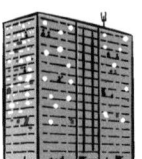

apartamento

tranobe

estación de tren

fiantsonan'ny fiaran-
dalamby

ayuntamiento

firaisana

museo

donia

escuela

sekoly

universidad
oniversite

banco
banky

hospital
hopitaly

hotel
hôtely

farmacia
farmasia

oficina
birao

librería
fivarotam-boky

tienda
fivarotana

floristería
mpivarotra voninkazo

supermercado
supermarché

mercado
tsena

grandes almacenes
tranobe fivarotana

pescadería
mpivarotra trondro

centro comercial
toeram-pivarotana lehibe

puerto
seranana

parque
valan-javaboary

banco
latabatra

puente
tetezana

escaleras
totohatra

metro
metrô

túnel
tonelina

parada de autobús
fiantsonan'ny fiara
mpitondra olona

bar
bara

restaurante
toeram-pisakafoanana

buzón
boatin-taratasy paositra

poste indicador
famantarana an-arabe

parquímetro
parcmètre

zoo
valan-javaboary

piscina
dobo filomanosana

mezquita
moskea

granja
toeram-pambolena

contaminación
loto

cementerio
fasana

iglesia
trano fiangonana

patio de juego
tokontany filalaovana

templo
tempoly

paisaje
endritany

hoja
ravina

señal
tondro famantarana

camino
làlana

prado
kijana

piedra
vato

excursionista
mpihani-bohitra

árbol
hazo

río
renirano

hierba
bozaka

flor
voninkazo

valle

lemaka

colina

vohitra

lago

laka

bosque

ala

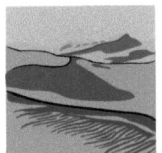

desierto

tany hay

volcán

volkano

castillo

rova

arcoíris

avana

champiñón

holatra

palmera

hazom-boanio

mosquito

moka

mosca

lalitra

hormiga

vitsika

abeja

tantely

araña

hala

escarabajo

voangory

rana

sahona

ardilla

vontsira

erizo

trandraka

liebre

bitro

lechuza

vorondolo

pájaro

vorona

cisne

gisabe

jabalí

lambo

ciervo

cerf

alce

voalavo

presa

toha-drano

turbina eólica

helisy ahodin-drivotra

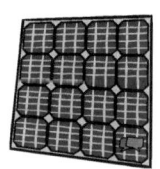

panel solar

takela-masoandro

clima

toetr'andro

restaurante

toeram-pisakafoanana

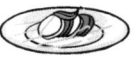

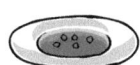

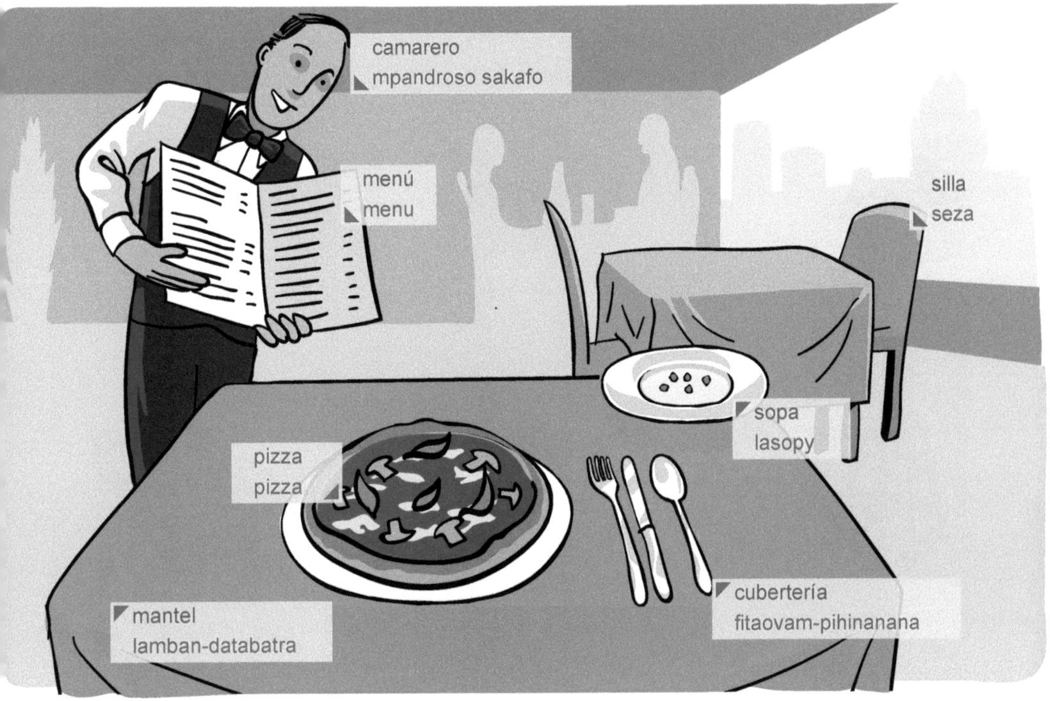

camarero
mpandroso sakafo
menú
menu
silla
seza
sopa
lasopy
pizza
pizza
cubertería
fitaovam-pihinanana
mantel
lamban-databatra

primer plato

entrée

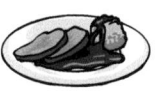

plato principal

sakafo fototra

postre

desera

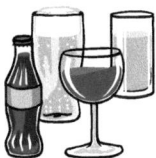

bebidas

zava-pisotro

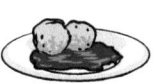

comida

sakafo

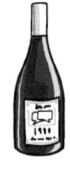

botella

tavoahangy

comida rápida
fast food

comida callejera
sakafo an-dalambe

tetera
fitoerana dite

azucarero
fitoeran-tsiramamy

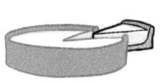

porción
singany

cafetera expreso
milina espresso

trona
seza avo

cuenta
faktiora

bandeja
lovia fandrosoana sakafo

cuchillo
antsy

tenedor
sotrorovitra

cuchara
sotro

cucharilla
sotrokely

servilleta
servieta

vaso
vera

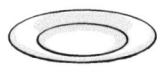

plato
vilia

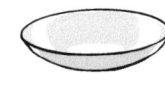

plato hondo
vilian-dasopy

platillo
vilia bory

salsa
saosy

salero
fitoeran-tsira

molinillo de pimienta
milina dipoavatra

vinagre
vinaingitra

aceite
solika

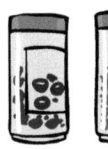

especias
zava-manitra

ketchup
ketchup

mostaza
voan-tsinapy

mayonesa
maionezy

supermercado
supermarché

oferta especial
fihenam-bidy
FOR
cliente
mpividy
lácteos
sakafo avy amin'ny ronono
fruta
voankazo
carro de la compra
chariot

BUTCHERS

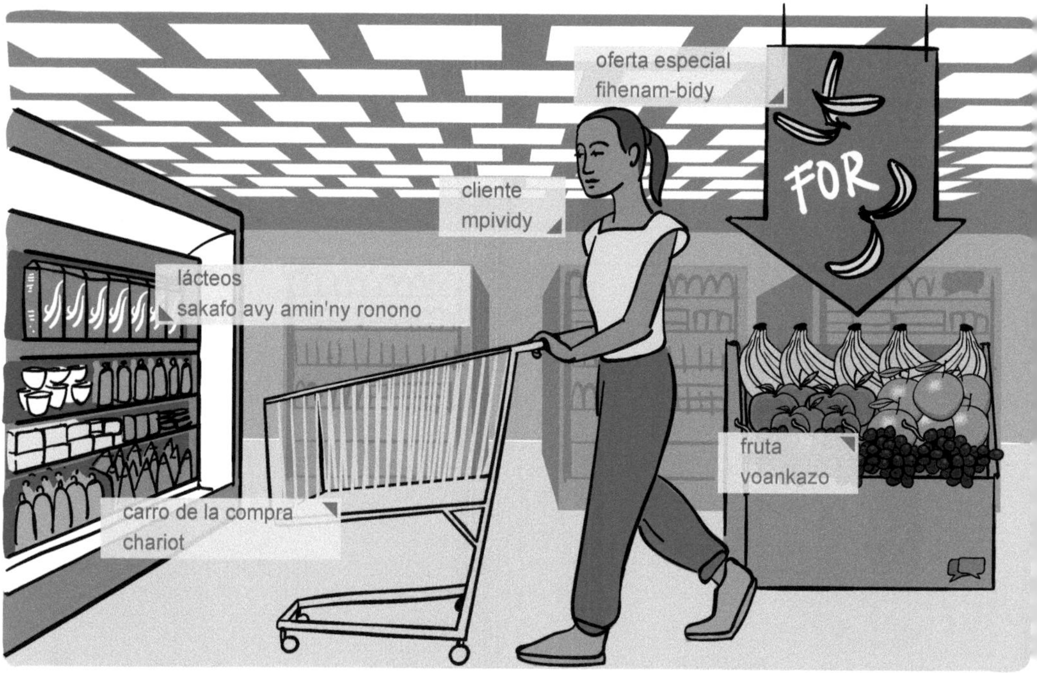

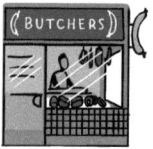

carnicería
mpivaro-kena

BAKERY

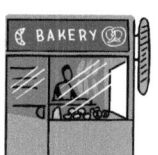

panadería
mpivarotra mofo

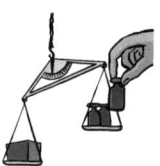

pesar
mandanja

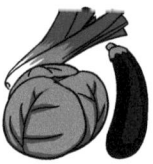

verduras
legioma

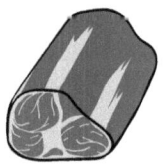

carne
hena

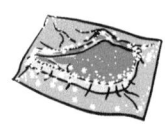

alimentos congelados
sakafo nampangatsiahana

fiambres

hena voahendy

conservas

sakafo am-by fotsy

detergente en polvo

vovon-tsavony

dulces

vatomamy

productos de uso doméstico

fitaovana an-tokatrano

productos de limpieza

fitaovana fanadiovana

vendedora

mpivarotra

caja

toerana fandoavam-bola

cajero

mpandray vola

lista de la compra

lisitry ny zavatra vidiana

horario de atención al
público

ora fiasana

cartera

portefeuille

tarjeta de crédito

fahana amin'ny karatra

bolsa

harona

bolsa de plástico

harona plastika

agua

rano

zumo

ranom-boankazo

leche

ronono

cola

coca

vino

divay

cerveza

labiera

alcohol

toaka

cacao

sôkôlà mafana

té

dite

café

kafe

expreso

espresso

capuchino

cappuccino

plátano

akondro

manzana

paoma

naranja

laoranjy

melón

voatango

limón

voasarimakirana

zanahoria

karaoty

ajo

tongolo gasy

bambú

volobe

cebolla

tongolo

champiñón

holatra

avellanas

voamaina

fideos

paty

espagueti

spaghetti

arroz

vary

ensalada

salady

patatas fritas

ovy frity

patatas fritas

ovy voaendy

pizza

pizza

hamburguesa

hamburger

sándwich

sandwich

filete

didin-kena

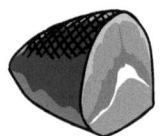

jamón

lambo sira

salami

salami

salchicha

saosisy

pollo

akoho

asado

hena mendy

pescado

trondro

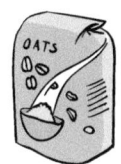

copos de avena

varin-tsoavaly

muesli

muesli

copos de maíz

cornflakes

harina

lafarinina

cruasán

croissant

panecillo

mofodipaina kely

pan

mofo

tostada

mofo natono

galletas

bisky

mantequilla

dobera

cuajada

fromazy fotsy

pastel

mofomamy

huevo

atody

huevo frito

atody nendasina

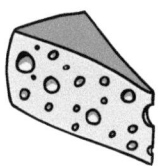

queso

fromazy

helado

lagilasy

azúcar

siramamy

miel

tantely

mermelada

kaonfitira

crema de turrón

crème nougat

curry

curry

granja

toeram-pambolena

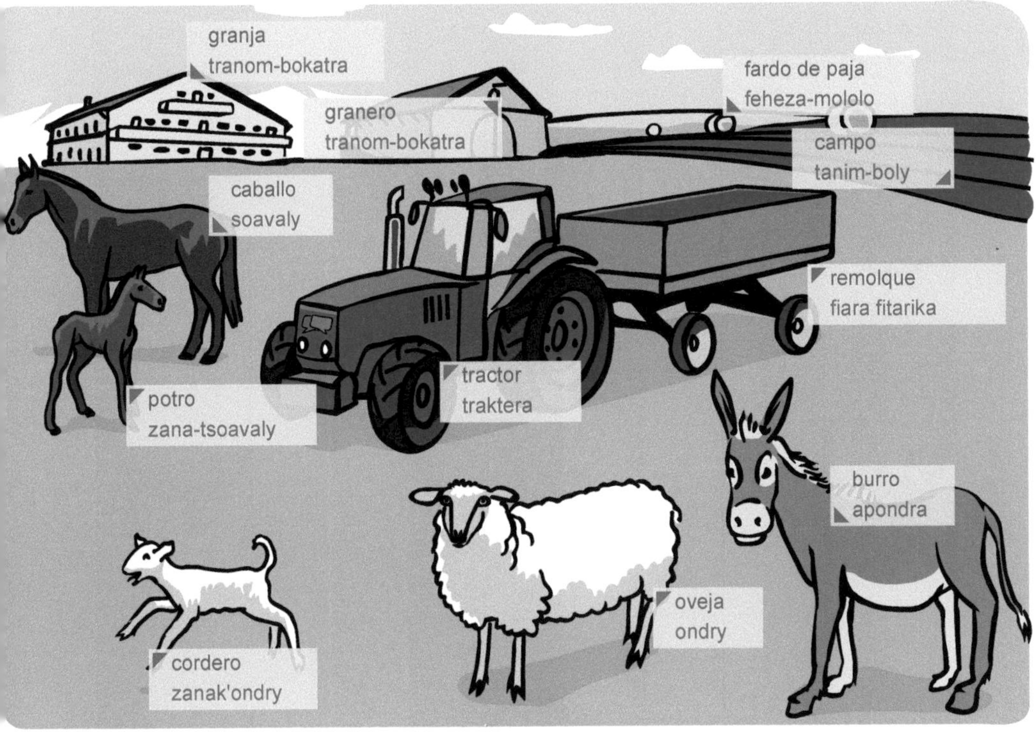
granja
tranom-bokatra
granero
tranom-bokatra
fardo de paja
feheza-mololo
campo
tanim-boly
caballo
soavaly
remolque
fiara fitarika
tractor
traktera
potro
zana-tsoavaly
burro
apondra
oveja
ondry
cordero
zanak'ondry

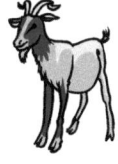

cabra

osy

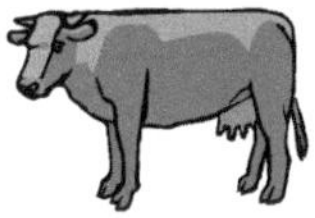

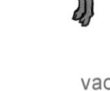

vaca

omby vavy

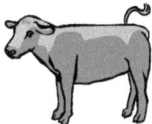

ternero

omby

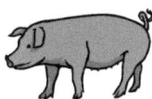

cerdo

kisoa

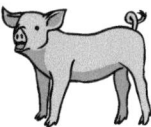

cerdito

zana-kisoa

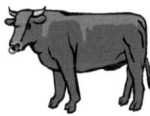

toro

omby

ganso

gisa

pato

gana

pollo

zanak'akoho

gallina

akoho vavy

gallo

akoho lahy

rata

voalavo

gato

saka

ratón

voalavo tondro

buey

omby

perro

alika

perrera

tranon'alika

manguera

fantsona fanondrahana rano

regadera

fanondrahana

guadaña

antsy biloka

arado

angadin'omby

hoz

antsim-bilona

azada

antsetra

horca

farango vy

hacha

famaky

carretilla

borety

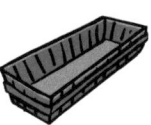

abrevadero

dababe

lechera

boatin-dronono

saco

harona

valla

fefy

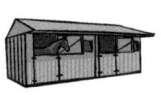

establo

tranom-biby

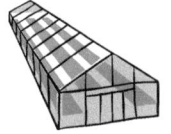

invernadero

talatalan-jaridaina

suelo

tany

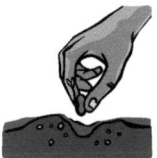

semilla

ambeoka

fertilizador

zezika

cosechadora

milina mpijinja vokatra

cosechar

vokatra

cosecha

vokatra

ñame

saonjo

trigo

varimbazaha

soja

saozaha

patata

ovy

maíz

katsaka

semilla de colza

colza

árbol frutal

hazo fihinam-boa

mandioca

mangahazo

cereales

voamadinika

casa
trano

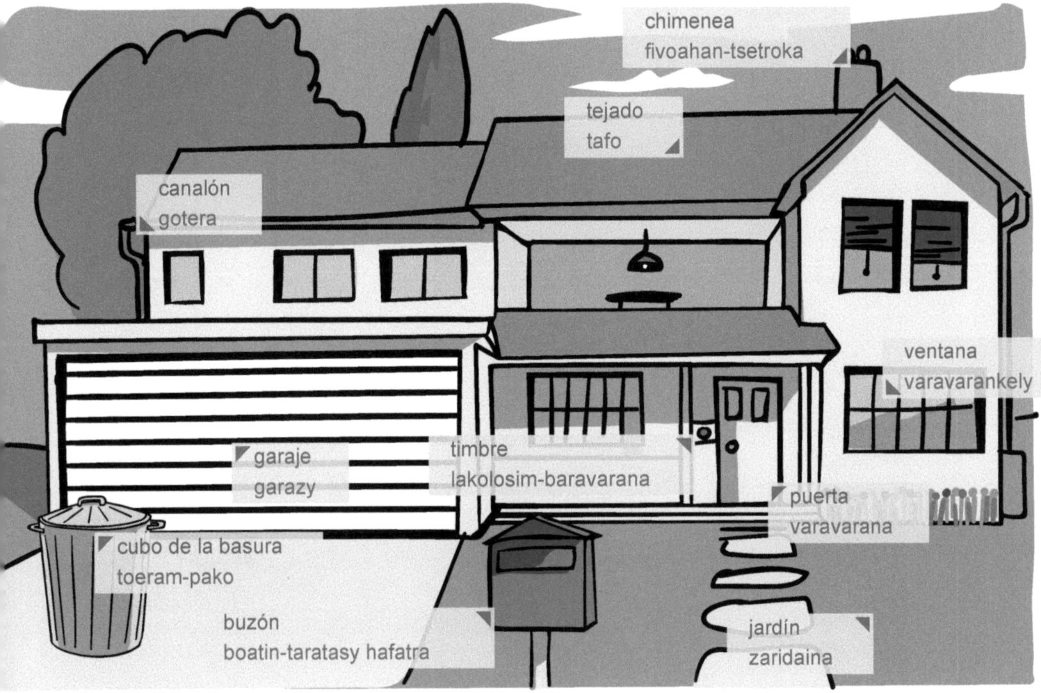
chimenea
fivoahan-tsetroka
tejado
tafo
canalón
gotera
ventana
varavarankely
garaje
garazy
timbre
lakolosim-baravarana
puerta
varavarana
cubo de la basura
toeram-pako
buzón
boatin-taratasy hafatra
jardín
zaridaina

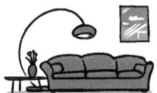

sala
....
efitra fandraisam-bahiny

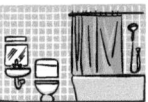

cuarto de baño
....
efitra fandroana

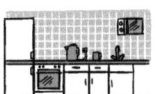

cocina
....
lakozia

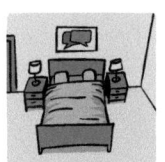

dormitorio
....
efitra fatoriana

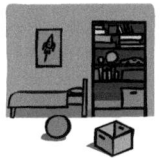

habitación de los niños
....
efitranon'ny ankizy

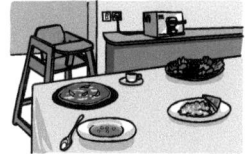

comedor
....
efi-trano fisakafoanana

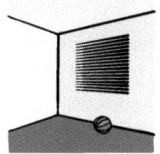

suelo
tany

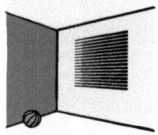

pared
rindrina

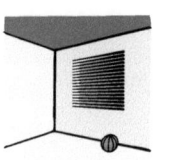

techo
valindrihana

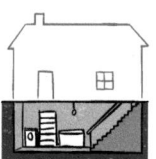

sótano
lakavy

sauna
sauna

balcón
tsimahalavo

terraza
lavarangana

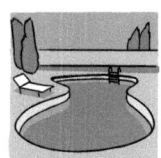

piscina
dobo filomanosana

cortacésped
mpanapaka bozaka

sábana
lambam-pandriana

colcha
koety

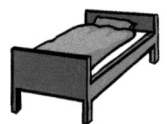

cama
fandriana

escoba
kifafa

balde
sô

interruptor
interrupteur

sala

efitra fandraisam-bahiny

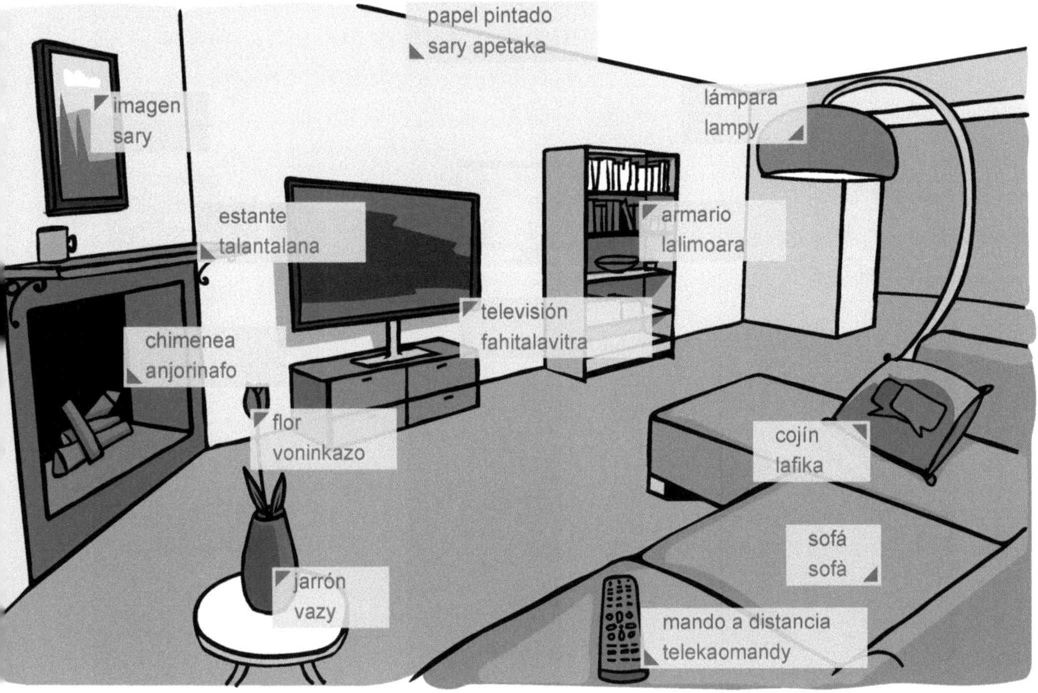

papel pintado
sary apetaka
imagen
sary
lámpara
lampy
estante
talantalana
armario
lalimoara
televisión
fahitalavitra
chimenea
anjorinafo
flor
voninkazo
cojín
lafika
sofá
sofà
jarrón
vazy
mando a distancia
telekaomandy

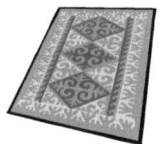

alfombra

tapis

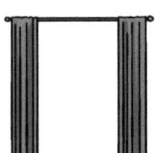

cortina

takom-baravarana

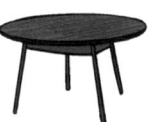

mesa

latabatra

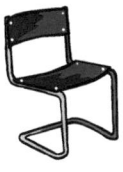

silla

seza

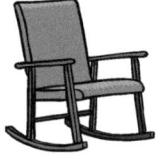

mecedora

seza savily

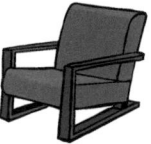

butaca

seza mihaja

libro
boky

manta
lamba firakotra

decoración
asa fandravahana

leña
hazo fandrehitra

película
horonantsary

equipo de música
fitaovana hi-fi

llave
fanalahidy

periódico
gazety

pintura
loko

póster
sary famantarana

radio
radio

cuaderno
kahie fanao tadidy

aspiradora
aspiratera

cactus
raketa

vela
labozia

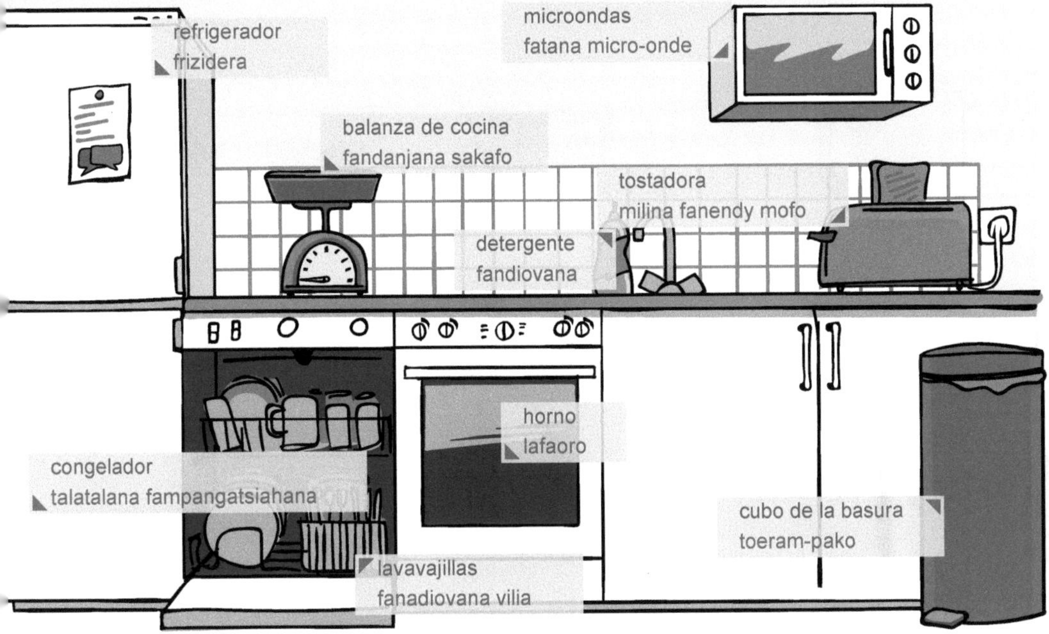

refrigerador
frizidera

microondas
fatana micro-onde

balanza de cocina
fandanjana sakafo

tostadora
milina fanendy mofo

detergente
fandiovana

horno
lafaoro

congelador
talatalana fampangatsiahana

cubo de la basura
toeram-pako

lavavajillas
fanadiovana vilia

olla a presión
....
lafaoro

olla
....
vilany

olla de hierro fundido
....
vilany vy

wok / karahi
....
wok / kadai

cazuela
....
lapoaly

hervidor
....
fitaovana fampangotrahana
rano

vaporera

vilany mandeha entona

chapa de horno

lovia fisaka

vajilla

fitaovan-dakozia

taza

zinga

tazón

vilia baolina

palillos

hazokely fihinanana

cucharón

sotrobe lavatango

espumadera

spatule

batidor

fanakapohana atody

colador

fanatantavanana

cedazo

lovia sivana

rallador

fanakikisana

mortero

laona

barbacoa

kiendiendy

hoguera

fivoahan'ny setroka

tabla de picar

akalana fitetehana

rodillo

kodia fandamàna koba

sacacorchos

fisontonana bosoa

lata

boaty

abrelatas

fanokafana boaty

agarrador

fitazomana vilany

lavabo

lavabô

cepillo

borosy

esponja

spaonjy

batidora

miksera

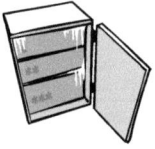

congelador

fitaovana fampangatsiahana

biberón

tavoahanginono

grifo

paompy

cuarto de baño

efitra fandroana

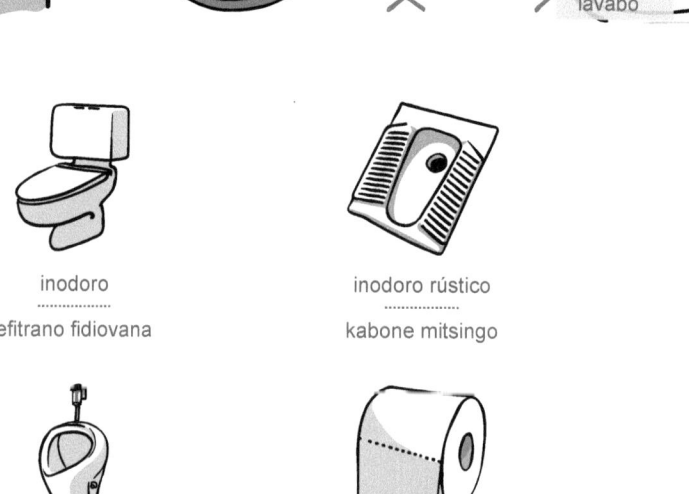

calefacción
fanafanana
ducha
efitra fandroana
toalla
servieta
cortina de la ducha
lamba fanakon'efitra fandroana
baño de espuma
menaka fandroana mandroatra
bañera
koveta fandroana
vaso
vera
lavadora
milina fanasana lamba
grifo
paompy
baldosas
taila
orinal
tavimandry
lavabo
lavabô

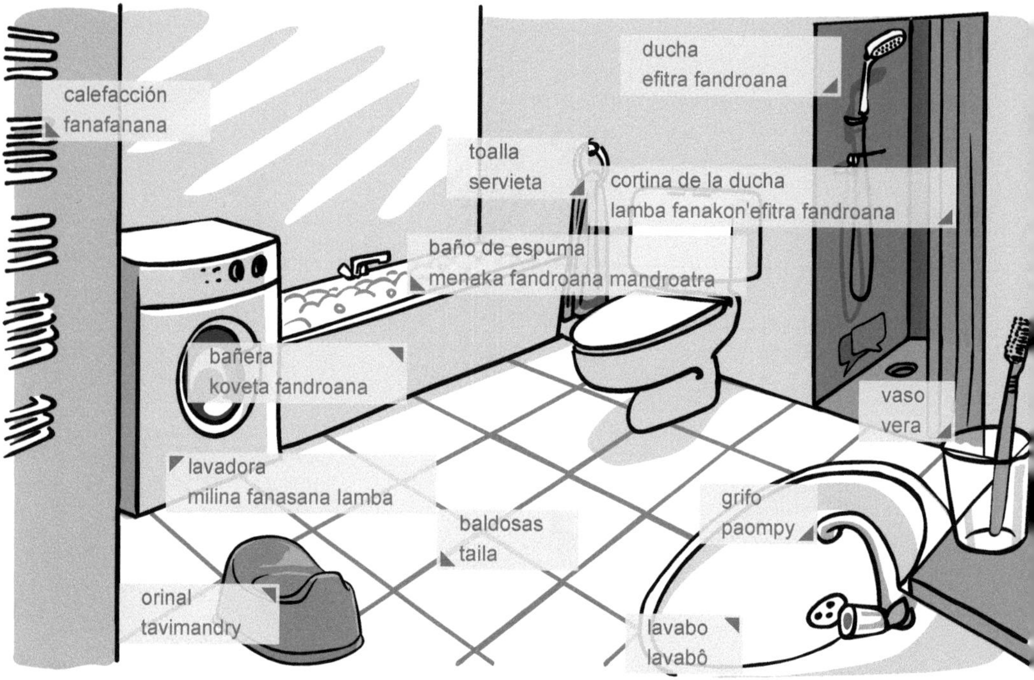

inodoro

efitrano fidiovana

inodoro rústico

kabone mitsingo

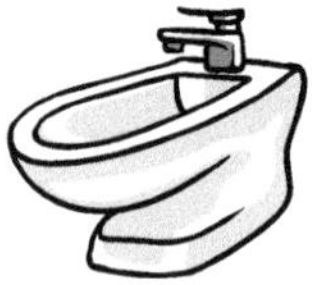

bidé

bidet

urinario

fipipizana

papel higiénico

taratasy fidiovana

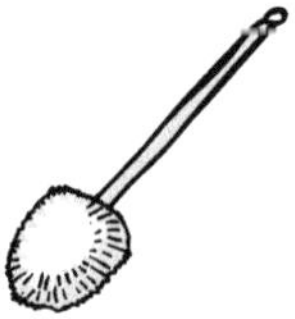

escobilla del váter

borosy fampiasa an-kabone

cepillo de dientes
borosinify

pasta de dientes
famotsia-nify

hilo dental
kofehy fanadiova-nify

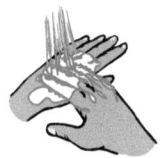

lavar
manasa

ducha de mano
fisaika enti-tànana

ducha íntima
fanadiovana fivaviana

pila
kovetabe

cepillo de espalda
borosin-damosina

jabón
savony

gel de ducha
gel fampiasa rehefa misaika

champú
shampoo

toallita
fonon-tànana enti-misaika

desagüe
tsiranoka

crema
crème fanosotra

desodorante
fanalana fofona

espejo

fitaratra

espejo de tocador

fitaratra fihaingo

maquinilla de afeitar

hareza

espuma de afeitar

raotra fiharatra

loción postafeitado

menaka haratra

peine

fiogo

cepillo

borosy

secador

fitaovana fanamainam-bolo

laca

atsifotra amin'ny volo

maquillaje

fikarakarana tarehy

pintalabios

lokomena

pintauñas

haingo hoho

algodón

vohavohan-dandihazo

cortauñas

fanapahana hoho

perfume

ranomanitra

estuche de viaje

fitoerana fitaovana an-kabone

banqueta

sezabory

balanza

fandanjana olona

albornoz

akanjo enti-matory

guantes de goma

fonon-tànana enti-manadio

tampón

servieta fanary

compresa

lamba fampiasa amin'ny fadimbolana

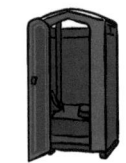

inodoro químico

kabone simika

habitación de los niños

efitranon'ny ankizy

despertador
famohamandry
peluche
saribakoly
coche de juguete
fiara kilalao
sonajero
korintsana
casa de muñecas
tranon-tsaribakoly
regalo
fanomezana

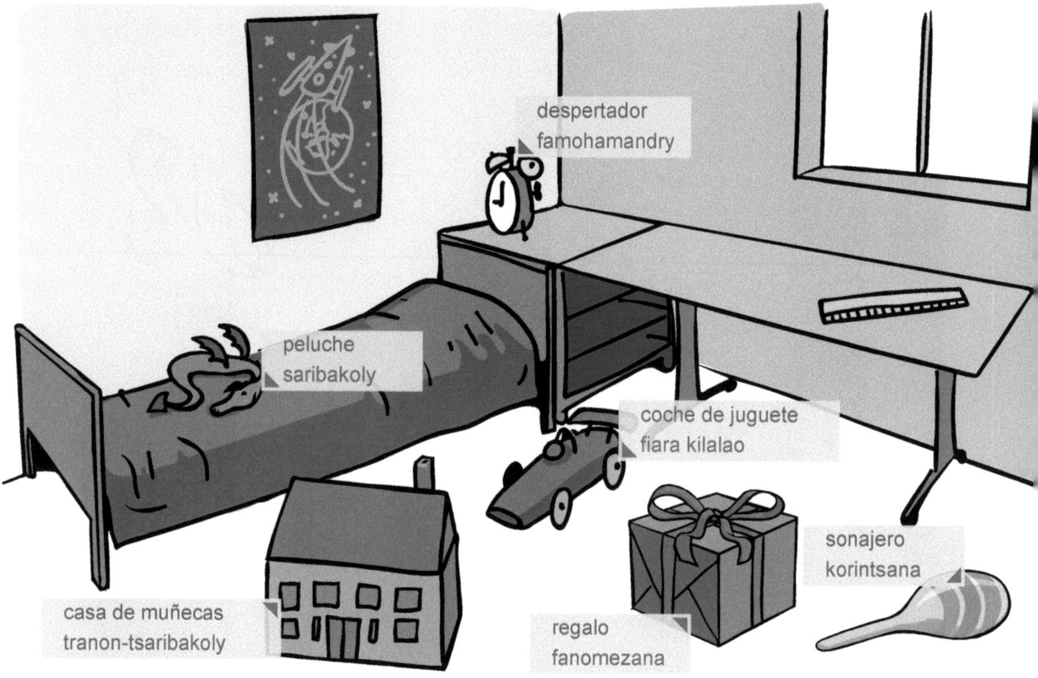

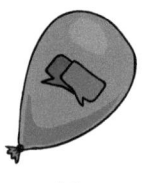

globo

balaonina

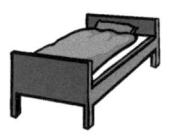

cama

fandriana

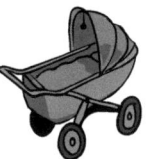

coche de niño

posety

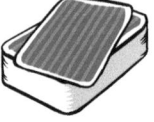

naipes

lalao karatra

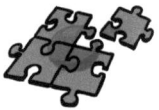

puzle

puzzle

tebeo

sariitatra

piezas de lego
lalao legô

bloques de juguete
kilalao fananganana trano

figura de acción
sarivongana kely

bodi (de bebé)
grenera

frisbee
Frisbee

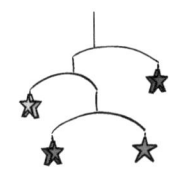

colgador móvil para bebés
mobile

juego de mesa
jeu de société

dados
kodiakely

circuito de tren eléctrico
lamasinina kely

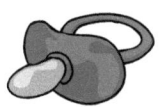

maniquí
solonono

fiesta
fety

álbum de fotos
boky feno sary

pelota
baolina

muñeca
saribakoly

jugar
milalao

cajón de arena

kovetam-pasika

columpio

savily

juguetes

kilalao

videoconsola

kilalao video

triciclo

tricycle

oso de peluche

teddy orsa

guardarropa

fitoeran'akanjo

ropa

akanjo

calcetines

bà kiraro

medias

bàn-tongotra

leotardos

akanjo manara-batana

bufanda
foloara

paraguas
elo

cinturón
fehin-kibo

camiseta
t-shirt

botas
baoty

zapatillas
kapa fitondra an-tranc

deportivas
kiraro tenisy

sandalias
kapa

zapatos
kiraro

botas de goma
baoty fingotra

slip
atinakanjo

sostén
tatinono

chaleco
akanjo feno

bodi
vatana

pantalones
pataloha

vaqueros
jean

falda
zipo

blusa
akanjo ambony

camisa
lobaka

jersey
pull

suéter
akanjo sarotro

blazer
palitao

chaqueta
palitao

abrigo
palitao

gabardina
akanjo aro-orana

traje
akanjo fianjaika

vestido
fitafim-behivavy

vestido de novia
akanjon'ny ampakarina

traje

akanjo fianjaika

camisón

akanjo-mandry

pijama

pijamà

sari

sari

bandana

sarondoha

turbante

turban

burka

burqa

caftán

kaftan

abaya

abaya

traje de baño

akanjo fitondra milomano

bañador

akanjo fitondra milomano

pantalones cortos

pataloha fohy

chándal

akanjo fitena

delantal

tablie

guantes

fonon-tànana

botón

bokotra

gafas

solomaso

brazalete

brasele

collar

rojo

anillo

peratra

pendiente

kavina

gorra

satroka

percha

fanantonana palitao

sombrero

satroka

corbata

fehivozo

cremallera

hidikorisa

casco

aroloha

tirantes

beritelo

uniforme escolar

fanamian'ny mpianatra

uniforme

fanamiana

babero
bavoara

maniquí
solonono

pañal
taty

oficina
birao

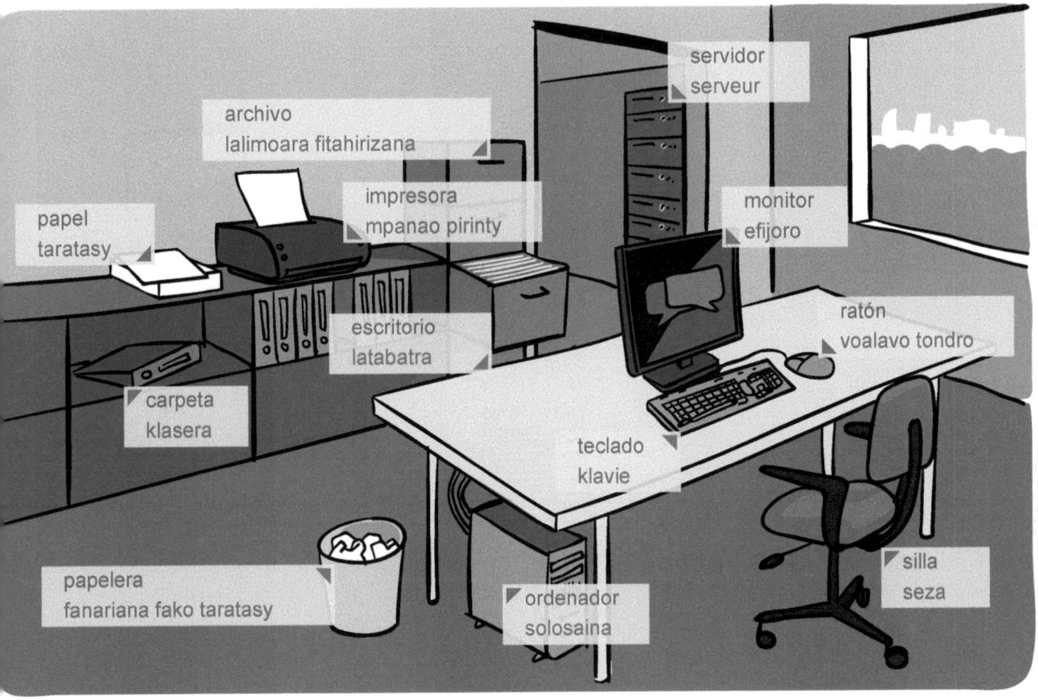

archivo
lalimoara fitahirizana

servidor
serveur

impresora
mpanao pirinty

monitor
efijoro

papel
taratasy

ratón
voalavo tondro

escritorio
latabatra

carpeta
klasera

teclado
klavie

silla
seza

papelera
fanariana fako taratasy

ordenador
solosaina

taza de café
kaopin-kafe

calculadora
mpikajy

internet
aterineto

portátil

solosaina maivana

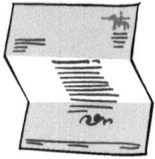

carta

taratasy

mensaje

hafatra

móvil

mobile

red

tambajotra

fotocopiadora

imprimante

software

rindrambaiko

teléfono

finday

toma de corriente

prizy

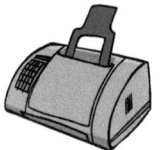

fax

fax

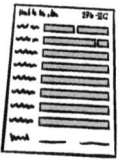

formulario

efitra fenoina

documento

fehezan-taratasy

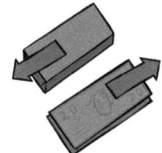

comprar
....
mividy

pagar
....
mandoa vola

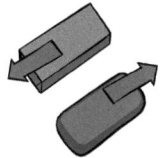

comerciar
....
misera

dinero
....
vola

USD

dólar
....
dôlara

EUR

euro
....
euro

JPY

yen
....
yen

RUB

rublo
....
rouble

CHF

franco suizo
....
Franc suisse

CNY

renminbi yuan
....
renminbi yuan

INR

rupia
....
roupie

cajero automático
....
fangalàna vola

oficina de cambio de divisas
toerana fanakalozana vola

oro
volamena

plata
volafotsy

petróleo
solika

energía
angovo

precio
vidiny

contrato
fifanekena

impuesto
hetra

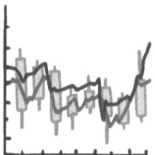

acción
action borsa

trabajar
miasa

empleado
mpiasa

empleador
mpampiasa

fábrica
orinasa

tienda
fivarotana

oficios

asa

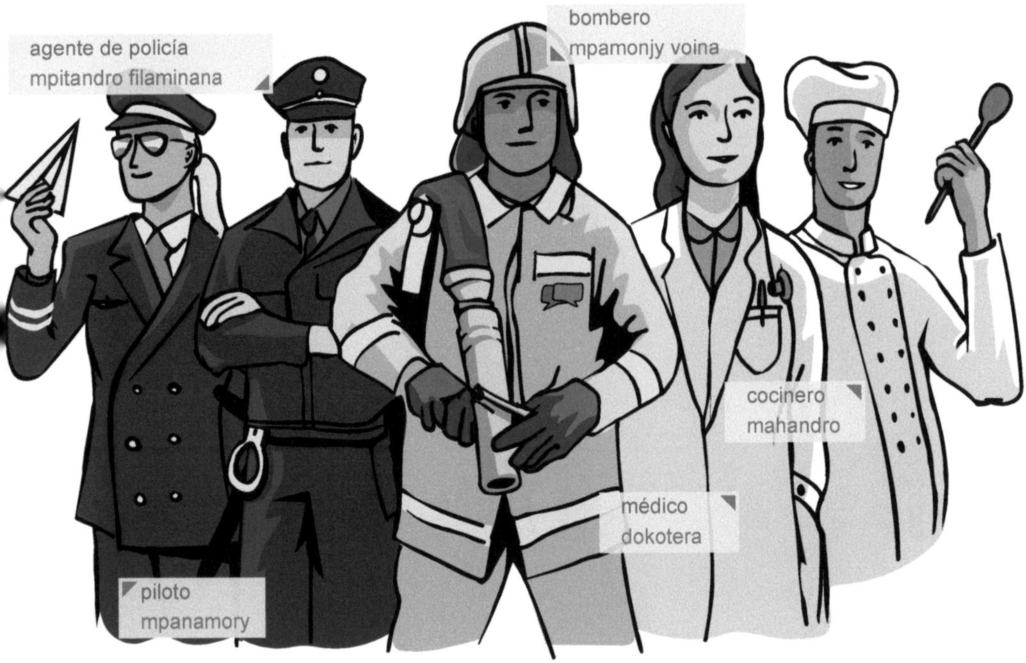

agente de policía
mpitandro filaminana
bombero
mpamonjy voina
cocinero
mahandro
médico
dokotera
piloto
mpanamory

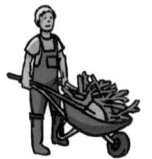

jardinero

mpikarakara zaridaina

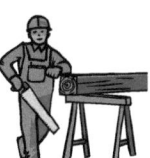

carpintero

mpandrafitra

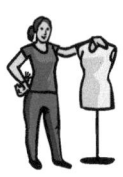

costurera

vehivavy mpanjaitra

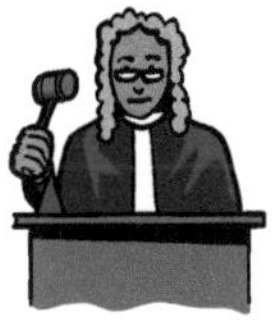

juez

mpitsara

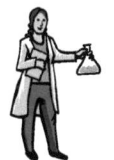

farmacéutico

mpahay simia

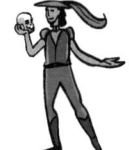

actor

mpilalao sarimihetsika

conductor de autobús

mpamily fiara fitateram-
bahoaka

taxista

mpamily fiarakaretsaka

pescador

mpanjono

señora de la limpieza

vehivavy mpanadio

techador

mpanao tafo

camarero

mpandroso sakafo

cazador

mpihaza

pintor

mpandoko

panadero

mpanao mofo

electricista

elektrisianina

obrero

mpanao trano

ingeniero

injeniera

carnicero

mivaro-kena

fontanero

plombier

cartero

faktera

soldado

miaramila

arquitecto

mpanao mari-trano

cajero

mpandray vola

florista

mpivarotra voninkazo

peluquero

mpanao volo

revisor

mpizara tapakila

mecánico

mpahay mekanika

capitán

kapiteny

dentista

mpitsabo nify

científico

siantifika

rabino

raby

imán

imam

monje

moanina

sacerdote

pretra

herramientas

fitaovana

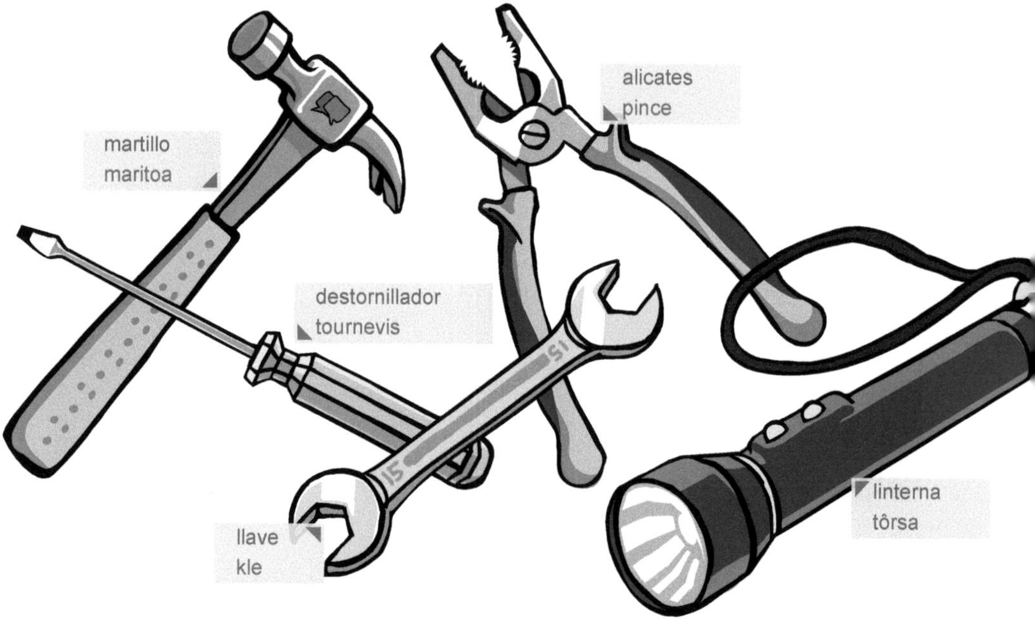

martillo
maritoa
alicates
pince
destornillador
tournevis
llave
kle
linterna
tôrsa

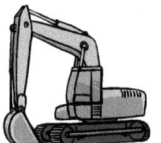

excavadora

pelleteuse

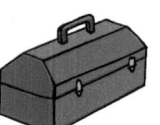

caja de herramientas

boaty fanisy fitaovana

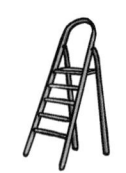

escalera de mano

tohatra

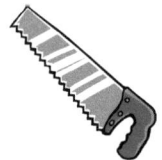

sierra

tsofa

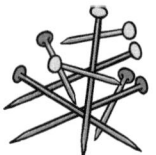

clavos

fantsika

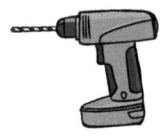

taladro

perceuse

reparar
manarina

pala
lapela

¡Maldita sea!
Kyy!

recogedor
angadim-pako

bote de pintura
boatin-doko

tornillos
visy

instrumentos musicales
zava-maneno

batería
vata maro anaka

altavoz
haut-parleur

guitarra
gitara

contrabajo
contrebasse

trompeta
trompetra

piano

vata maro afitsoka

violín

lokanga

bajo

basse

timbales

amponga timpani

tambor

aponga

teclado

klavie

saxofón

saksa

flauta

sodina

micrófono

mikrao

zoo

valan-javaboary

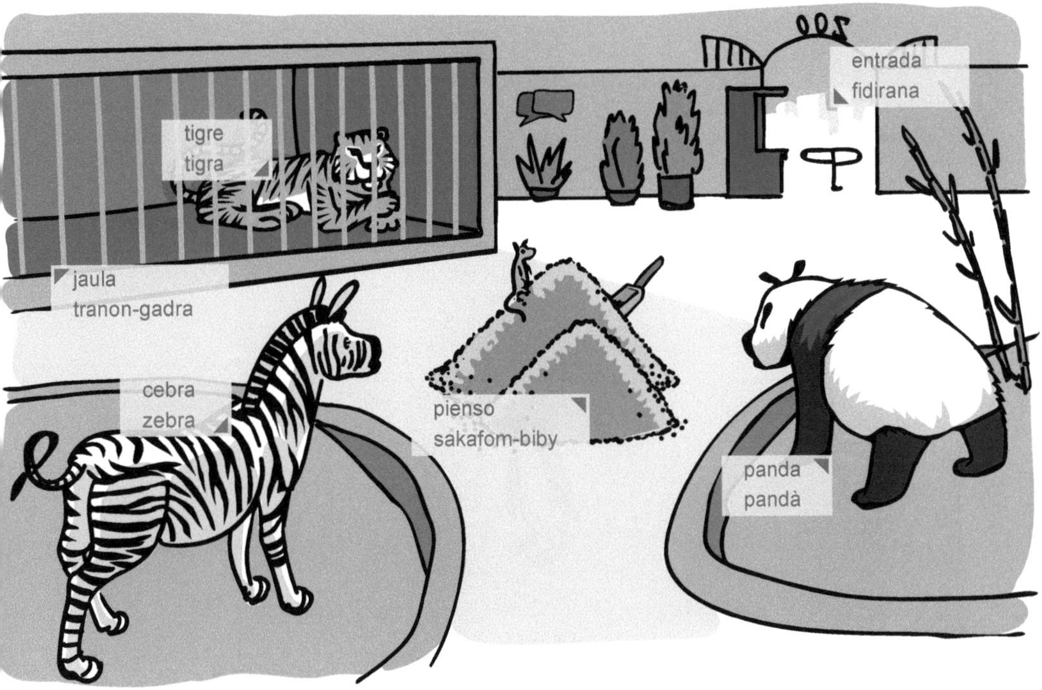

entrada
fidirana
tigre
tigra
jaula
tranon-gadra
cebra
zebra
pienso
sakafom-biby
panda
pandà

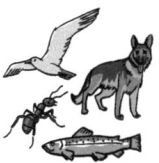

animales
biby

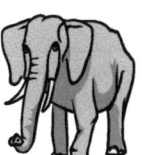

elefante
elefanta

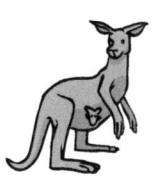

canguro
kangoroa

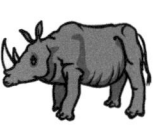

rinoceronte
rinôserôsy

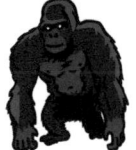

gorila
gôrila

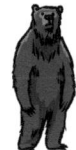

oso
orsa

camello
rameva

avestruz
aotrisy

león
liona

mono
rajako

flamingo
sama

loro
boloky

oso polar
orsa polera

pingüino
pengoa

tiburón
atsantsa

pavo real
vorombola

serpiente
bibilava

cocodrilo
voay

guardián de zoológico
mpiandry valan-javaboary

foca
fôko

jaguar
jagoara

poni

poney

leopardo

leopara

hipopótamo

hipôpôtamo

jirafa

zirafa

águila

voromahery

jabalí

lambo

pescado

trondro

tortuga

sokatra

morsa

môrsa

zorro

renard

gacela

gazely

fanatanjahan-tena

fútbol americano
Football amerikana

ciclismo
hazakazaka am-bisikileta

tenis
tennis

baloncesto
baskety

natación
lomano

boxeo
boxe

hockey sobre hielo
hockey an-dranomandry

fútbol
baolina kitra

bádminton
badminton

atletismo
atletisma

balonmano
handball

esquí
ski

polo
polo

reír
mihomehy

saltar
mitsambikina

abrazar
mamihina

caminar
mandeha

cantar
mihira

rezar
mivavaka

besar
manoroka

soñar
manonofy

escribir
manoratra

dibujar
manao sary

mostrar
maneho

empujar
manosika

dar
manome

tomar
mandray

tener

manana

hacer

manao

ser

mizovy

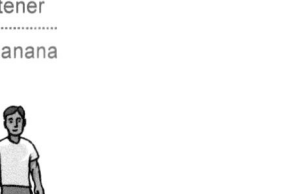

estar de pie

mijoro

correr

mihazakazaka

tirar

misintona

tirar

manary

caer

lavo

yacer

mandry

esperar

miandry

llevar

mitondra

estar sentado

mipetraka

vestirse

miakanjo

dormir

matory

despertar

mifoha

mirar

mijery

llorar

mitomany

acariciar

fahatapahan'ny lalan-dra

peinar

fiogo

hablar

miresaka

entender

mahay

preguntar

milaza

escuchar

mihaino

beber

misotro

comer

mihinana

ordenar

mandamina

amar

mitia

cocinar

mahandro

conducir

mamily

volar

lalitra

navegar
miandriaka

calcular
mikajy

leer
mamaky

aprender
mianatra

trabajar
miasa

casarse
mivady

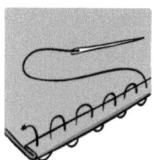

coser
manjaitra

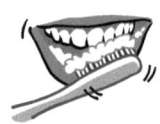

cepillarse los dientes
miborosy nify

matar
mamono

fumar
mifoka

enviar
mandefa

familia
fianakaviana

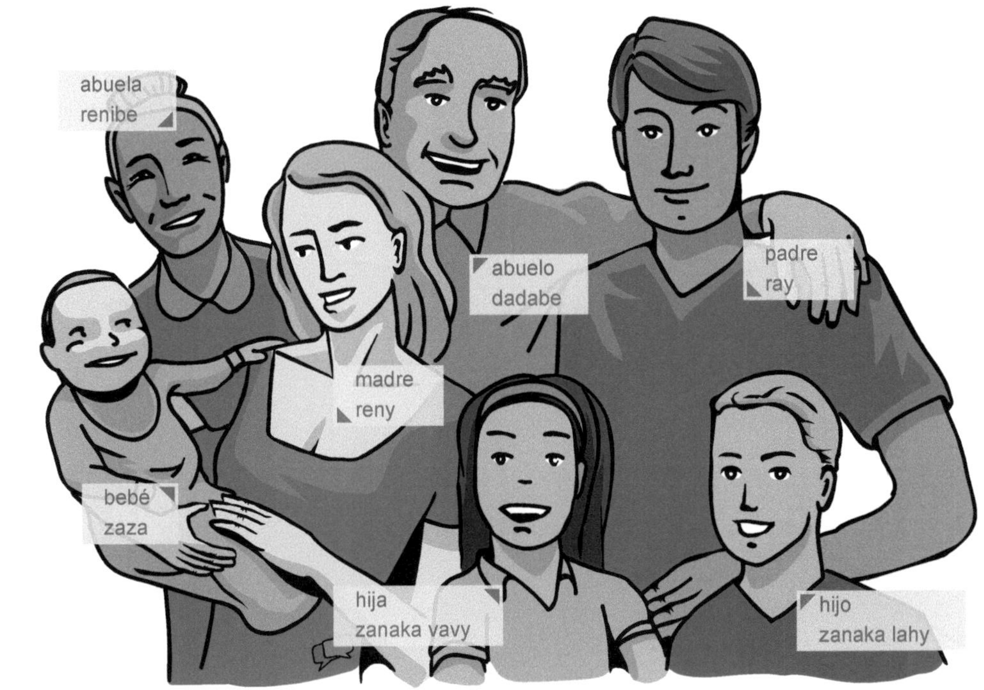
abuela
renibe
abuelo
dadabe
padre
ray
madre
reny
bebé
zaza
hija
zanaka vavy
hijo
zanaka lahy

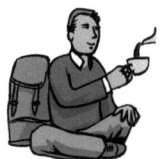

invitado

vahiny

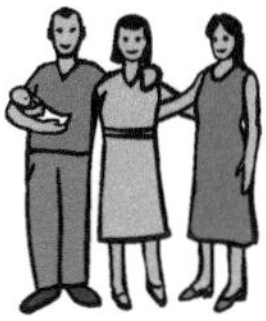

tía

nenitoa

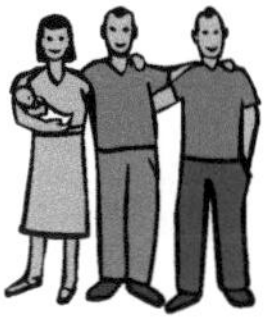

tío

dadatoa

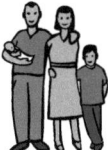

hermano

rahalahy

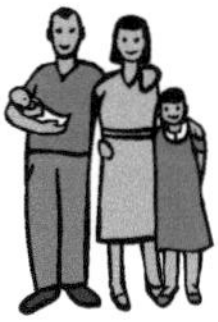

hermana

rahavavy

frente
handrina

ojo
maso

hombro
soroka

dedo
rantsan-tànana

cara
tarehy

barbilla
saoka

mano
tànana

pecho
nono

pierna
ranjo

brazo
sandry

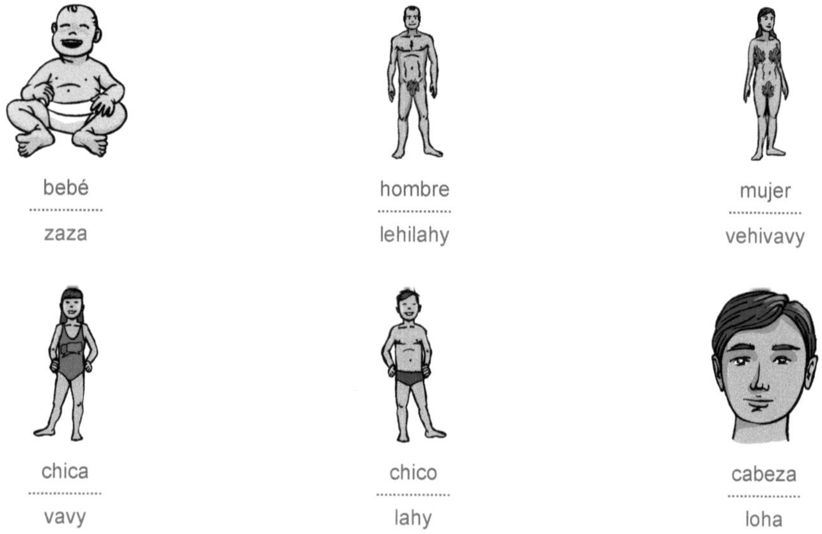

bebé

zaza

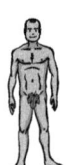

hombre

lehilahy

mujer

vehivavy

chica

vavy

chico

lahy

cabeza

loha

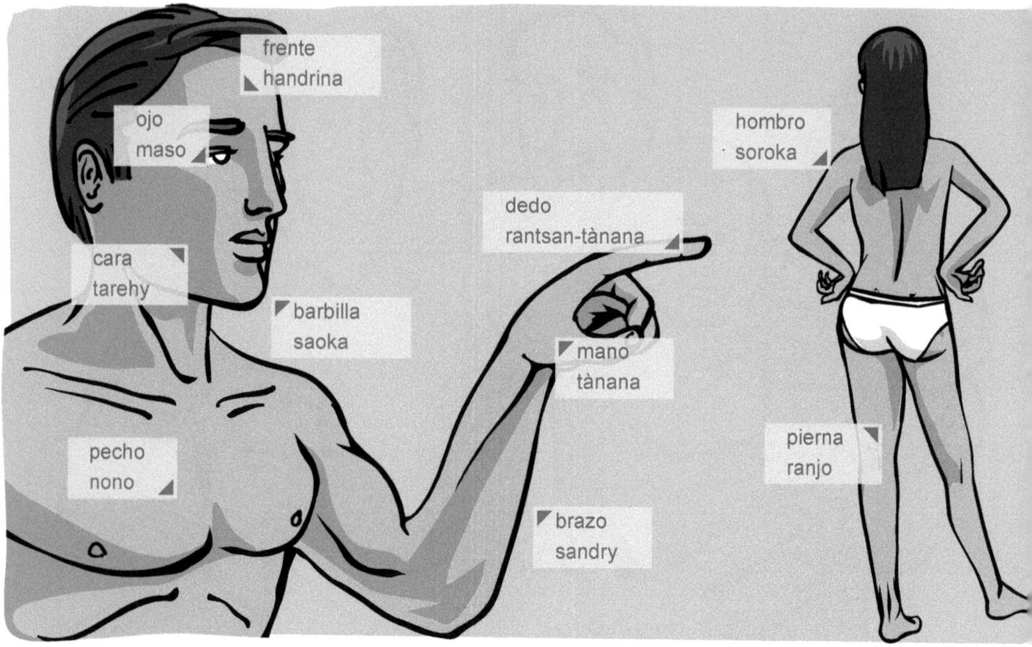

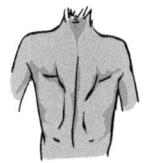	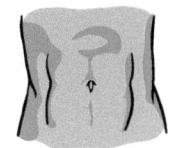	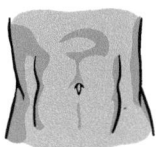
espalda	vientre	ombligo
lamosina	kibo	foitra
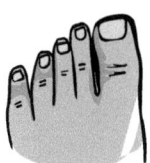	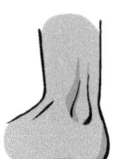	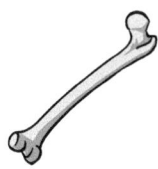
dedo del pie	talón	hueso
rantsan-tongotra	voditongotra	taolana
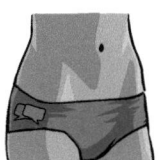	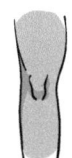	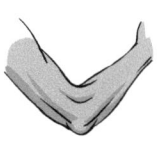
cadera	rodilla	codo
valahana	lohalika	kiho
		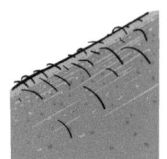
nariz	trasero	piel
orona	vody	hoditra
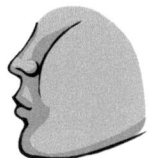	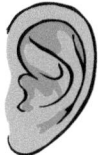	
mejilla	oído	labio
takolaka	sofina	molotra

boca
vava

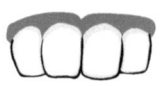

diente
nify

lengua
lela

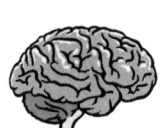

cerebro
saina

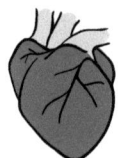

corazón
fo

músculo
ozatra

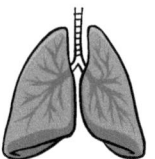

pulmón
havokavoka

hígado
aty

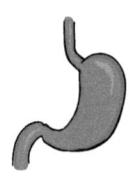

estómago
vavony

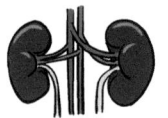

riñones
voa

sexo
firaisana ara-nofo

condón
fimailo

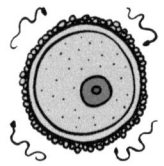

ovario
tsirivavy

semen
ranonaina

embarazo
vohoka

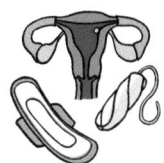

menstruación
....
fadimbolana

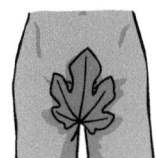

vagina
....
fivaviana

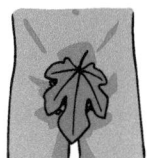

pene
....
filahiana

ceja
....
volomaso

pelo
....
volo

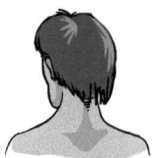

cuello
....
tenda

hospital
hopitaly

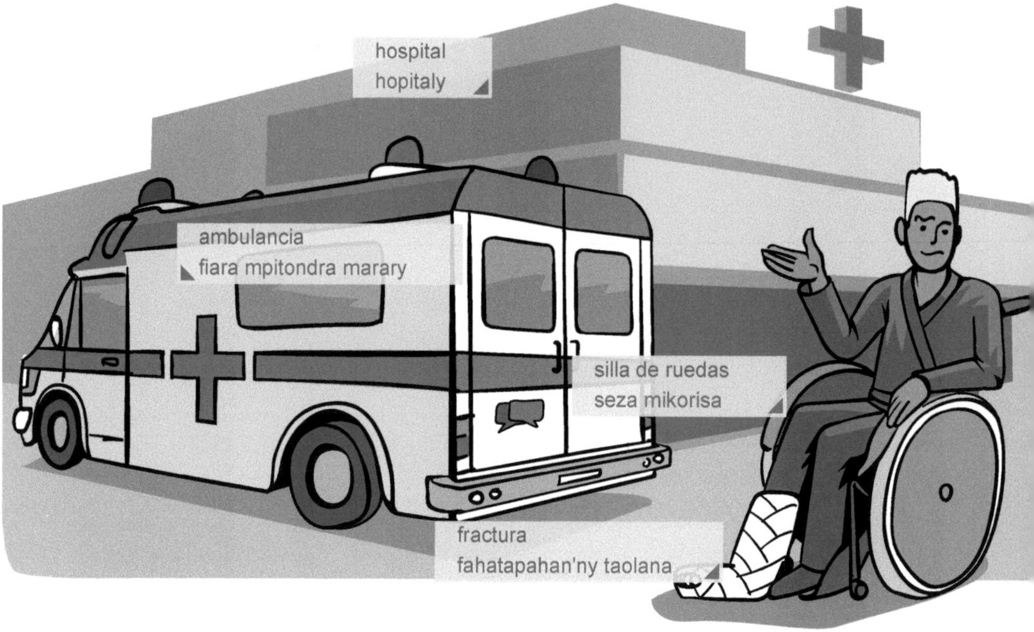

hospital
hopitaly
ambulancia
fiara mpitondra marary
silla de ruedas
seza mikorisa
fractura
fahatapahan'ny taolana

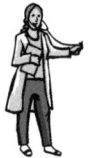

médico

dokotera

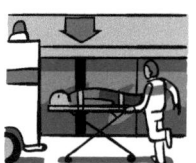

sala de urgencias

efitra vonjy taitra

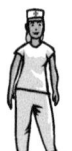

enfermera

mpitsabo mpanampy

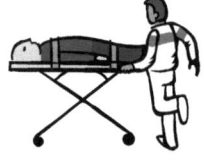

urgencia

vonjy taitra

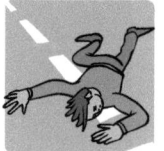

inconsciente

tsy mahatsiaro tena

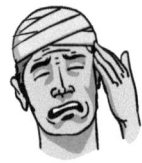

dolor

fanaintainana

lesión
faharatràna

hemorragia
mandeha rà

infarto
aretim-po

ictus
fahatapahan'ny lalan-dra

alergia
tsy fahazakana sakafo

tos
kohaka

fiebre
tazo

gripe
gripa

diarrea
fivalanana

dolor de cabeza
aretin'an-doha

cáncer
homamiadana

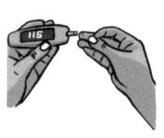

diabetes
diabeta

cirujano
dokotera mpandidy

bisturí
antsy fandidiana

operación
fandidiana

TAC
TC

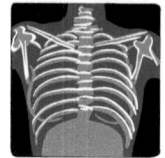

rayos x
taratra X

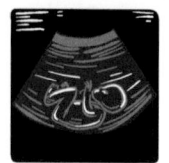

ultrasonido
ekôgrafia

mascarilla
saron-tava

enfermedad
aretina

sala de espera
efitrano fiandrasana

muleta
tehina

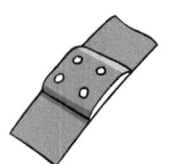

tirita
taha fery

venda
bandy

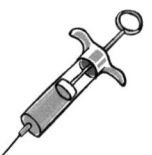

inyección
tsindrona

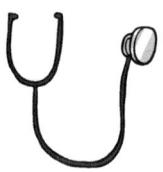

estetoscopio
stetoskopy

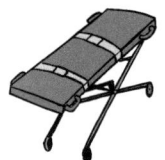

camilla
filanjana marary

termómetro
fitaovana fitsapana
hafanana

nacimiento
fahaterahana

sobrepeso
hatavezana tafahoatra

audífono

fitaovana fandrenesana

desinfectante

famonoana mikraoba

infección

fifindràna aretina

virus

viriosy

VIH / SIDA

VIH / SIDA

medicina

fitsaboana

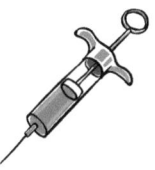

vacunación

vaksiny

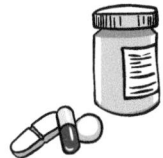

tabletas

pilina

pastilla

pilina

llamada de urgencia

antso vonjy taitra

tensiómetro

fitaovana fitsapana tosi-drà

enfermo / sano

marary / salama

¡Socorro!

Vonjeo!

alarma

antso fanairana

asalto

herisetra

ataque

vono

peligro

loza

salida de emergencia

fivoahana raha misy loza

¡Fuego!

Afo!

extintor de incendios

fitaovam-pamonoana afo

accidente

loza

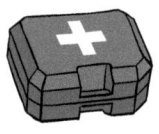

botiquín de primeros
auxilios
fitaovam-pitsaboana
vonjimaika

SOS

SOS

policía

pôlisy

Europa

Eoropa

Norteamérica

Amerika avaratra

Sudamérica

Amerika atsimo

África

Afrika

Asia

Azia

Australia

Aostralia

Atlántico

Atlantika

Pacífico

Pasifika

Océano Índico

Ranomasimbe Indiana

Océano Antártico

Oseana Antarktika

Océano Ártico

Oseana Arktika

polo norte

Tendrotany avaratra

polo sur

Tendrotany atsimo

Antártida

Antarktika

tierra

tany

tierra

tany

mar

ranomasina

isla

nosy

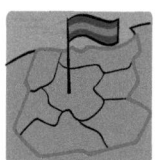

nación

tanindrazana

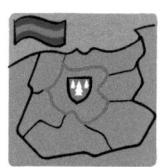

estado

firenena

esfera

tavam-pamantaranandro

manecilla de las horas

tondro ora

minutero

tondro minitra

segundero

tondro segondra

¿Qué hora es?

Amin'ny firy izao?

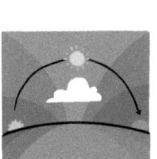

día

andro

tiempo

fotoana

ahora

izao

reloj digital

famantaranandro niomerika

minuto

minitra

hora

ora

semana
herinandro

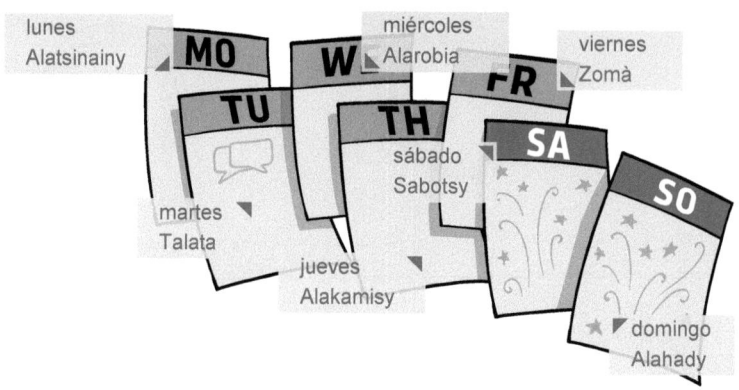

lunes
Alatsinainy

miércoles
Alarobia

viernes
Zomà

martes
Talata

jueves
Alakamisy

sábado
Sabotsy

domingo
Alahady

ayer
omaly

hoy
androany

mañana
ampitso

mañana
maraina

mediodía
atoandro

tarde
hariva

MO	TU	WE	TH	FR	SA	SU
1	2	3	4	5	6	7
8	9	10	11	12	13	14
15	16	17	18	19	20	21
22	23	24	25	26	27	28
29	30	31	1	2	3	4

días laborables
adro fiasàna

MO	TU	WE	TH	FR	SA	SU
1	2	3	4	5	6	7
8	9	10	11	12	13	14
15	16	17	18	19	20	21
22	23	24	25	26	27	28
29	30	31	1	2	3	4

fin de semana
faran'ny herinandro

año

taona

lluvia
orana
arcoíris
avana
nieve
ranomandry
viento
rivotra
primavera
lohataona
otoño
fararano
verano
vanin-taona maina
invierno
ririnina

4.APRIL 11°
5.APRIL 4°
6.APRIL 13°
7.APRIL 8°
8.APRIL 10°

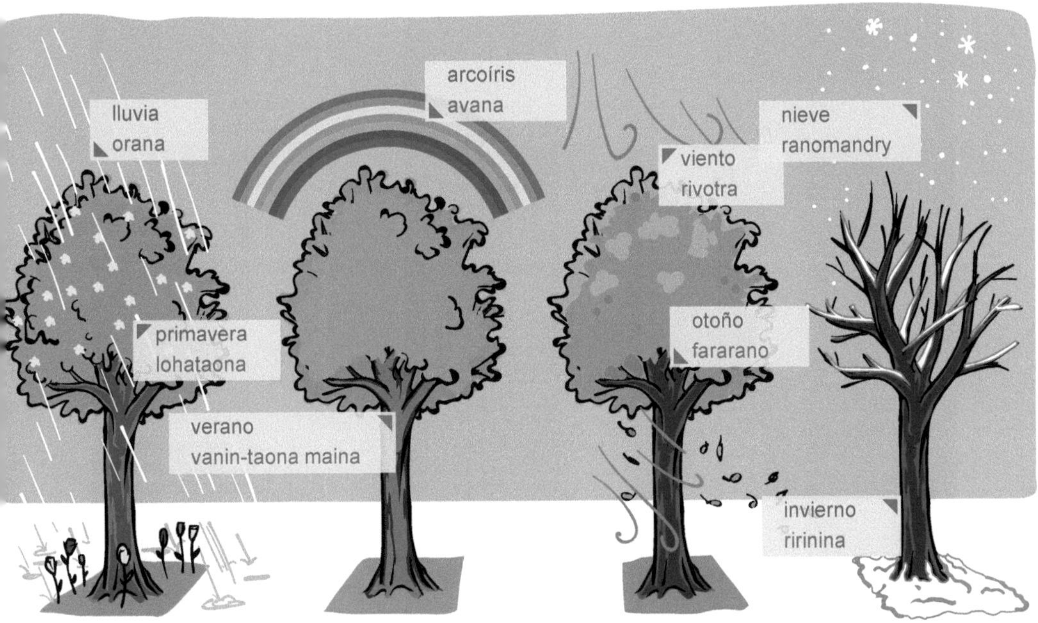

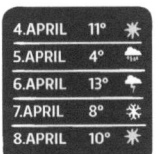

pronóstico del tiempo

vinavina ara-toetrandro

F C
120 90 60 30 0 -30
40 30 20 10 0 -10 -20

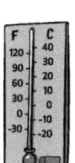

termómetro

thermomètre

sol

tara-masoandro

nube

rahona

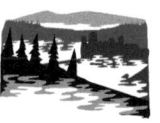

niebla

zavona

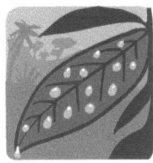

humedad

hamandoana

rayo
tselatra

trueno
kotroka

tormenta
tafio-drivotra

granizo
havandra

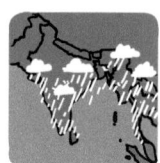

monzón
fahavaratra

inundación
tondra-drano

hielo
vaingan-drano

enero
Janoary

febrero
Feboary

marzo
Martsa

abril
Avrila

mayo
Mey

junio
Jiona

julio
Jolay

agosto
Aogositra

septiembre
....
Septambra

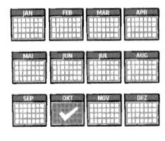

octubre
....
Oktobra

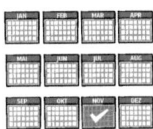

noviembre
....
Novambra

diciembre
....
Desambra

círculo
....
boribory

cuadrado
....
efamira

rectángulo
....
efajoro

triángulo
....
telozoro

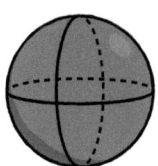

esfera
....
bola

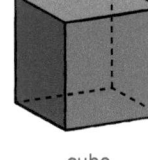

cubo
....
goba

blanco
....
fotsy

amarillo
....
mavo

anaranjado
....
laoranjy

rosa
....
mavokely

rojo
....
mena

morado
....
voloparasy

azul
....
manga

verde
....
maitso

marrón
....
volotany

gris
....
volondavenona

negro
....
mainty

mucho / poco

betsaka / vitsy

enojado / tranquilo

tezitra / tony

bonito / feo

tsara / ratsy

principio / fin

fiandohana / fiafarana

grande / pequeño

lehibe / kely

claro / oscuro

mazava / maloka

hermano / hermana

rahalahy / rahavavy

limpio / sucio

madio / maloto

completo / incompleto

feno / banga

día / noche

andro / alina

muerto / vivo

maty / velona

ancho / estrecho

malalaka / tery

comestible / no comestible

azo hanina / tsy fihinana

malo / amable

tsivalahara / tsara fanahy

entusiasmado / aburrido

endratra / sorena

gordo / delgado

matavy / mahia

primero / último

voalohany / farany

amigo / enemigo

mpinamana / mpifahavalo

lleno / vacío

feno / foana

duro / blando

mafy / malefaka

pesado / ligero

mavesatra / maivana

hambre / sed

noana / mangetaheta

enfermo / sano

marary / salama

ilegal / legal

tsy ara-dalàna / ara-dalàna

inteligente / tonto

mahay / vendrana

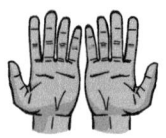

izquierda / derecha

havia / havanana

cerca / lejos

akaiky / lavitra

nuevo / usado
....
vaovao / tranainy

nada / algo
....
tsy misy / misy

viejo / joven
....
antitra / tanora

encendido / apagado
....
mandeha / maty

abierto / cerrado
....
mivoha / mihidy

silencioso / ruidoso
....
mangina / mitabataba

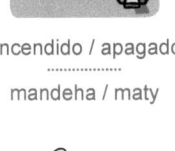

rico / pobre
....
manankarena / mahantra

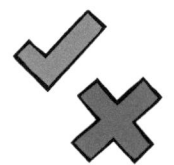

correcto / incorrecto
....
marina / diso

áspero / suave
....
marokoroko / malama

triste / contento
....
malahelo / faly

corto / largo
....
fohy / lava

lento / rápido
....
mora / faingana

húmedo / seco
....
mando / maina

cálido / frío
....
mafana / mangatsiaka

guerra / paz
....
ady / fahalemana

0

cero

aotra

1

uno

iray

2

dos

roa

3

tres

telo

4

cuatro

efatra

5

cinco

dimy

6

seis

enina

7

siete

fito

8

ocho

valo

9

nueve

sivy

10

diez

folo

11

once

iraikambinifolo

12

doce

roambinifolo

13

trece

teloambinifolo

14

catorce

efatrambinifolo

15

quince

dimiambinifolo

16

dieciséis

eninambinifolo

17

diecisiete

fitoambinifolo

18

dieciocho

valoambinifolo

19

diecinueve

siviambinifolo

20

veinte

roapolo

100

cien

zato

1.000

mil

arivo

1.000.000

millón

tapitrisa

inglés

Anglisy

inglés americano

Anglisy amerikana

chino mandarín

Fiteny sinoa mandarina

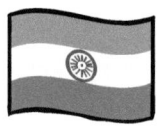

hindi

Hindi

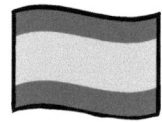

español

Espaniola

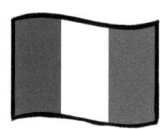

francés

Frantsay

árabe

Fiteny arabo

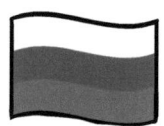

ruso

Fiteny rosiana

portugués

Portogey

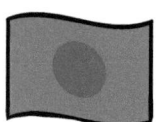

bengalí

Bengaly

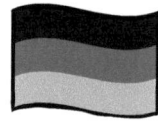

alemán

Alemà

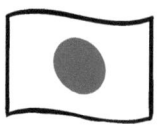

japonés

Japoney

yo

izaho

tú

ianao

él / ella / ello

izy / io

nosotros/as

isika

vosotros/as

ianao

ellos/as

zareo

¿quién?

iza?

¿qué?

inona?

¿cómo?

ahoana?

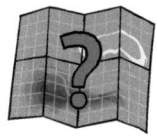

¿dónde?

aiza?

¿cuándo?

oviana?

nombre

anarana

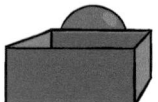

detrás

aorina

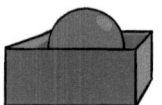

en

anaty

delante de

anoloana

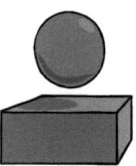

por encima de

any

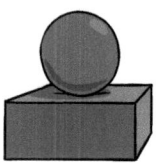

sobre

ambony

debajo de

ambany

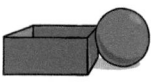

junto a

ankila

entre

afovoany

lugar

toerana